CUTITA & VAQUITA

Written by Dolores Bennett Illustrated by Jason Velazquez
English Edit by Kara Schiller Spanish Edit by Wendy Roman

English	Spanish
Little Cutita was born in the beautiful Island of Puerto Rico. While she was still a very little girl, her mother taught her the names of the interesting things around her. "Casa" she would say to Cutita, when pointing to a house. "Casita" she would say if it was a small house.	Pequeña Cutita nació en el hermoso isla de Puerto Rico. Cuando aún era muy pequeña, su madre le enseño los nombres de las cosas interesantes que la rodeaban. "Casa" le decía a Cutita, cuando señalaba una casa. "Casita", diría ella si fuera una casa pequeña.

English	Spanish
"Perro" she would say when showing her a dog. "Perrito" she would say if it was a small dog. Cutita learned that she could add "-ito" or "-ita" to the end of a word to say that something was small.	"Perro" decía cuando le mostraba un perro. "Perrito" diría ella si fuera un perro pequeño. Cutita aprendió que podía agregar "-ito" o "-ita" al final de una palabra para decir que algo era pequeño.

English	Spanish

When Cutita visited the country of Bolivia, she was delighted by all the big black and white animals grazing in the pasture.

Cuando Cutita visitó el país Bolivia, quédo encantada con los todos los grandes animales blancos y negros que pastaban en los pastizales.

English	Spanish
"Esos son vacas," her mother explained; "Those are cows." Cutita was so excited! She pointed her little finger at a big cow and said, "vaca?" Her mother smiled and said, "That's right, Cutita."	"Esas son vacas," explicó su madre; " Esas son vacas." ¡Cutita estaba tan emocionada! Señaló con el pequeño dedito una vaca grande y dijo: "¿vaca?" Su madre sonrió y dijo, "Eso es Cutita"

English	Spanish
Cutita pointed to a little cow and thought for a moment. "Vaquita?" she asked, looking up at her mother. "Yes, vaquita" said her mother, "Very good!" Cutita was proud of herself.	Cutita señaló una vaca pequeña y pensó por un momento. "¿Vaquita?" preguntó mirando a su madre. "¡Si, vaquita!" dijo su madre, "¡Muy bien!" Cutita estaba orgullosa de sí misma.

English	Spanish
Before long, Cutita's family moved to America. On her very first day, Cutita met Spike, a spotted black and white dog. Cutita remembered all the cows she'd seen and was overjoyed! She sat down to pet him and began calling him "vaquita."	En poco tiempo, la familia de Cutita se mudó a Estados Unidos. En su primer día, Cutita conoció a Spike, un perro con muchas blancas y negras. Belén recordó todas las vacas que había visto y estaba encantada! Ella se sentó a acariciarlo y comenzó a llamarlo "Vaquita."

English	Spanish
Her brother Kevin overheard and tried to correct her; "Eso es perro, no es vaquita," he said; "That is a dog, not a little cow." Cutita looked at her brother angrily, "No es perro! Es vaquita!" she insisted; "It is not a dog. It is a small cow!" When he realized he couldn't change her mind, Kevin left her alone.	Su hermano Kevin escuchó y trató de corregirla; "Eso es perro, no es vaquita, dijo; Eso es un perro no una vaca pequeña." Cutita miró a su hermano enojada, "¡No, es perro!" ¡Es vaquita!" ella insistió; "¡No es perro. Es una vaca pequeña!" Cuando se dio cuenta de que no podía cambiar de opinión, Kevin la dejo sola.

English	Spanish
About a year later, Cutita was playing with Spike one afternoon when her mother called her over. "Look at these pictures – look how small you were! Now you are a lot bigger." Cutita smiled and looked down at Spike then looked at her mother then she asked; "Why is this little cow not growing?"	Aproximadamente un año después, Cutita estaba jugando con Spike una tarde cuando su madre la llamó. Mira estas fotos, ¡mira qué pequeña eres! Ahora eres mucho más grande." Cutita sonrió y miró a Spike luego miró a su madre y Ella preguntó; ¿Por qué esta pequeña vaquita no crece?"

English	Spanish
"Because he is not a cow, Cutita," her mother explained. "He is a grown-up dog." Cutita looked up at her mother with hurt and surprise, "why didn't you tell me?" "Your brother tried to tell you, but you would not listen." Cutita sat down and cuddled Spike. "Kevin was right," Cutita thought.	"Porque no es una vaca, Cutita," explicó su madre. "El es un perro adulto que ya no crecerá." Cutita miró a su madre con dolor y sorpresa, " ¿Por qué no me lo dijiste?" Tu hermano trató de decírtelo, pero no quisiste escuchar." Belén se sentó y abrazó a Spike. "Kevin tenía razón," pensó.

English	Spanish

The next day, Cutita called Spike, "Come on, Vaquita! Let's go outside and play!" When Cutita came back inside, her mother asked, "Why are you still calling him 'Vaquita'? I already told you Spike is not a small cow; he's a dog!"

Al día siguiente, Cutita llamó a Spike, "¡Vamos, Vaquita!¡ Salgamos a jugar!" Cuando Cutita volvió a entrar, su madre le preguntó, " ¿Por qué todavía lo llamas 'Vaquita'? Ya te dije que Spike no es una vaca pequeña; es un perro!"

English	Spanish
"I know he's not a cow," Cutita said, patting Spike's head, "but he looks like one, so he's still 'Vaquita' to me." Cutita's mother laughed as she and Cutita sat down to pet "Vaquita."	"Sé que no es una vaca," Cutita dijo, a acariciando la cabeza de Spike, "pero se ve como una, así que todavía es "Vaquita para mí." Su madre se rió mientras ella y Cutita acariciaban a Vaquita.

" Out of the ground the LORD God formed every beast of the field and every bird of the air, and brought them to Adam to see what he would call them. And whatever Adam called each living creature, that was its name."

Genesis 2:19 (NKJV)

www.ingramcontent.com/pod-product-compliance
Lightning Source LLC
LaVergne TN
LVHW070434080526
838201LV00132B/266